휘필하다

김정숙 제 3 시집

책펴냄울림사

• 본 도서는 2025년 부산광역시, 부산문화재단 〈부산문화예술지원사업〉으로 지원을 받았습니다.

가슴에 내리는 시 155

휘필하다

지은이 김정숙
펴낸이 최명자

펴낸곳 책펴냄열린시
주소 (48932)부산광역시 중구 동광길 11, 203호
전화 010-4212-3648
출판등록번호 제1999-000002호
출판등록일 1991년 2월 4일

인쇄일 2025년 5월 17일
발행일 2025년 5월 20일

ⓒ김정숙, 2025. Busan Korea
값 12,000원

ISBN 979-11-989537-9-7 03810

• 저자와 협의하여 인지를 붙이지 않습니다.
• 잘 못된 책은 바꿔 드립니다.
• 이 책의 내용 중 일부 또는 전부를 저자 및 출판사의 동의없이 사용하지 못합니다.

□ 자서

　햇볕 찾아드는 아침 창밖 이웃집 정원에서는 참새가 떼지어 모이를 쫓는다.
　나도 날개가 있다면 좋겠다.
　섬을 그리워하며 날아가고 싶다.
　열심히 걷기만 했는데 뒤늦게 나에게 돌아난 날갯죽지,
　멀리 날지는 못해도 날개를 키우면 날 수 있지 않을까 자문한다.
　섬은 아득히 멀다.
　그 섬은 나에게 무엇일까?
　날개를 세 번째로 퍼덕인다.
　아껴주신 여러분께 감사드리며 날갯짓을 쉬지 않을 것이다.

2025년 5월
김정숙

시인의 말…3
목차…4

제 *1* 부 그림자의 춤

그림자의 춤…11
미세먼지…12
향을 피우다…13
발자국이 웃다…14
겨울 그루밍…16
만다라 시간…17
백지에 꽃을 수놓다…18
발성 연습…19
그녀의 날개…20
길을 걷다…22
모과 향기 2…23
콜라 한 잔 나눠 마시다…24
건강한기라…25
씹힌다는 것…26
날아다니는 고래…27
텃새…28
날고 싶은 오리…29
버린다는 것은…30
은하철도를 타다…31

아이들이 눈부시다…32
어둠을 보다…34

제 2 부 깃발에 대하여

깃발에 대하여…37
꿈꾸는 꼬마 소녀…38
눈물에게…40
다시 반대편 열차에 오르다…41
찬서리 밟으며…42
어머니의 연꽃…43
불씨를 일으키다…44
은행나무가 울다…45
너는 아느냐…46
경계를 넘어서…48
동전 똥…50
길은 기억하지 않는다…52
쑥떡과 해풍…53
밝은 그림자…54
스스로…56
사과나무가 휘어지다…58
한반도를 만들다…59
세일은 없다…60
안개 냄새…62

제 3부 소금사막

소금사막…65
이별가를 그리다…66
천천히 오래…68
우수리가 되다…69
노란 손수건…70
바람꽃…71
풍선…72
춤추실래요…74
눈 맞추다…76
금환식…78
상사화를 그리다…79
그믐 달빛에 몸을 씻고…80
팔월 비…82
사라진 집…84
날개…86
손바닥 꽃…87
낙타표 성냥…88
아픈 떡잎이 웃다…90
까치밥…91
벚꽃, 벚꽃…92
황금 모래…94

제 4 부 달팽이 집

달팽이 집…97
리일락꽃 결혼식…98
높은음자리…99
휘필하다…100
연줄 잇기…102
지붕이 되다…103
강물길…104
앉은자리…106
발자국을 지우다…108
새해…109
놀이터에는…110
구름이 아프다…111
날개를 짜다…112
전을 부치다…114
신인가수…115
봄비 내리면…116
항아리들이 웃다…118
눈빛이 아리다…120
흐르는 강물…121
스스로 들어선 길…122
다시 새벽을 기다리며…124

□ 해설/곁의 부재가 만든 날개 • 강영환…125

제 1 부
그림자의 춤

그림자의 춤

어둠이 일렁이고 있는 동구 밖
노래도 없이
당산나무 그림자 혼자 춤춘다

누가 손 내밀어 함께 춤추는 걸까
마을을 돌며 춤추는 그녀
바람 속 몸놀림이 흐르는 물소리다
마주 보는 짝이 없어도
돌아가는 눈빛 애틋하다
달콤한 몸짓으로
그녀를 돌리며 끌어안는 허공
어둠이 깔리고
점점 뜨거워지는 몸짓
바람 따라 흐느낀다
그림자는 노을에 사위어지고
그녀는 잿빛 춤을 춘다

홀로 춤춘다
그녀와 닮은 또 다른 그녀가
떠난 그림자를 찾아 밤마다
닿지 못한 눈빛으로 어둠을 먹는다

미세먼지

부옇게 가로막힌 시야가
미세먼지를 헤쳐나간다
보이지 않는다고 실체가 없을까
눈에 띄지 않는다고 잘못이 없을까
수시로 박히는 먼지가 안개가 되어
가슴을 덮는다
뿌연 무거움을 흐린 시야로
손으로 헤쳐보려는 어리석음

햇살에 떠다니는 먼지 알갱이가
눈에 화살로 꽂힌다
가슴이 아리다

향을 피우다

묏등에 피어나는 향기
만질 수 없는 손짓으로 나를 스쳐 간다
국화꽃으로 장식된 너에게로,
하늘로 가는 안개 향이다
주위를 맴도는
잠자리 날개를 타고 가는 것일까
붙들 수 없는 향기
눈에 간지럼만 태우고
구름 끝으로 흩어진다

향은
눅눅하게 친근하고
바람처럼 차갑다
네 감은 머리 냄새다

향은 사그라들며
구름 속으로 가고
나는 땅에 서 있다
언젠가는
내 향도 꽃으로 피어나리라
함께 별에 가자

발자국이 웃다

스쿼시 게임을 한다
밀어내도 무너지지 않는 벽이 웃고 있다
온몸으로 공을 받아친다
벽이 더 세게 치라고 소리 지른다
다시 튕겨져 내게로 오는 공
땀이 눈을 붉힌다
몸이 무너지며 신음한다

벽과 놀아주고
탈출한다

막다른 길에 서서 당황하지 않는다
돌아서 나오면
길은 또다시 발자국을 따라온다
조금 더 걸어갈 뿐이다
진흙탕에 발이 빠지면 끌어올리고
잘 포장된 길에선 지루함에 젖기도 한다
족적 선명히 찍지 못하지만
그 길이 숲속 오솔길이든 포장길이든 상관없다
쉬지 않고 걸어간다
발자국 찍히든 찍히지 않든

길이 막히면 돌아설 줄 아는 발자국
나란히 웃고 있다

나는 닳지 않는 신이다

겨울 그루밍

겨울이 하얗다
봄을 기다리는 그루밍이다

봄을 앓던 산수유가
눈꽃으로 몸을 씻고 나비를 위해 단장한다
혹독한 바람과 얼음장도
꽃망울이 눈 트는데 방해하지 않는다
무너진 아파트 잔해 속에서도
제힘으로 일어나는 풀빛이듯이
봄 정령이 바람으로 오고 있다

그 겨울은 찬물에 기저귀를 빨면
손등이 갈라지도록 매서웠지만
너는 금방 구운 식빵처럼 구수한 젖내음이 났다
네가 안겨 있었기에 시린 가슴 견딜 수 있었던
그 겨울이 창밖에 어른거린다
참 눈이 많았던

함박눈이 정겹게 쌓인다
매화나무가 봄 맞을 단장을 한다
하얀 겨울은 따뜻하다

만다라 시간

시간은 눈빛 꼭짓점에서 멈추고
나를 응시하는 눈이 깊다

액자 속 멈춰진 시간에는
파도가 숨어 있다

입꼬리가 날개다
날고 있었니?
액자 속 멈춰진 시간이 그렇다고 웃는다

때로는
저 고요하고 맑았던 순간이
'지금도 괜찮아!'
나를 위로한다

물빛 꼭짓점 시간이
잔물결이 한결같이 쓰다듬는 푸른 강이다
그 위에 드리워진 내 그림자가
날개를 달고 무지개를 탄다
만다라에는 시간이 없다

백지에 꽃을 수놓다

백지 속에 들어가는 아픔은
사막에 뜬 신기루를 쫓는 일

모래시계 속
떨어지는 모래알에서
금을 찾는 손은 피로 물들고
사금은 손안에 들지 않는다

힘이 딸린다
모래바람을 만난 오아시스
낙타가 흘린 한 눈물로 버무려져
굳어진 모래땅
금으로 빛날 때까지
사포질을 쉬지 않는다

백지에 수놓은 한 송이 금빛 꽃은
붉은 사막을 헤치고 흘러온
낙타 눈물 속에서 피어난 상흔이다

발성 연습

무슨 허기진 말을 쏟아냈는지…
장면을 펼쳐보려 하지만
부풀어 오른 머릿속은
붉은 연기만 삐져나온다

끌 수 없는 불길을 벗어나지 못한다
격렬한 눈 떨림 뒤에 오는 폭포수는
끓어오르는 머리를 식힐 수 있을까

내뱉은 말에 스스로 빠져
허우적거리며 잿가루 뒤집어쓴 뒤
씻어내기에 한참을 골몰한다

회오리바람은 지나가기 마련
바슬거리는 바람결 따라
아무에게도 상처 주지 않을 발음을 위해
침 한 모금 삼키며
순한 발성 연습을 한다

그녀의 날개

온전치 못한 날개는 눈물이다

교실이 술렁거리다가 잠잠해진다
뒷자리 순이가 매운 안개를 물고 거품을 뿜으며
무지개다리 위로 날아가려고
날개를 퍼덕이고 있다

그녀는 날고 싶은 꿈이 있었다
어느 순간 그 비상이 상처라는 걸 알았을 때
그녀만이 가고 있는 그곳이 무섭다
두려워하지 않고 견디는 일은 아프다
위로받지 못하고 숯덩이가 된 가슴은
점점 아픔을 키워갔다
손잡고 걸을 수 있는 동무가 얼마나 간절했을까
나도, 그 어떤 친구도
순이를 손잡아주지 못했다

숨을 쉰다는 것이 천 길 낭떠러지 끝이다
검은 그림자가 날개를 파먹는다
아린 날개를 펴고 싶지 않다

여고 졸업 후 그녀는
꿈을 싣고 완벽한 날개로 벼랑에서 날았다

길을 걷다

만들어진 길에는 발자국이 없다
드러내기 수줍어
품은 발자국 내뿜지 않는다
비틀거린 흔적 숨기고 싶었나

천천히 걷다가 뛰기도 하고
흔들거리다 쓰러지기도 한다
걸음들이 부끄러워
포장 위에 또 덮은 길

파헤쳐 흙길을 만든다
발자국 새겨지는 흙길을 걸으며
숨겨진 비린내 풀어내어 반추한다
바람과 비가
품삯 없이 발자국 지워준다

길을 걷는다
발자국에 눈길 두지 않는다
모두 내 길이니까
길은 쉼 없이 이어지고
발자국 멈춰질 날 올 것이다

모과 향기 2

'모개는 모개네~'
아무도 이쁘게 보지 않는

바람에 녹아 향기에 취하는 모과
어떤 열매가 어깨를 견줄까

유년 시절 별명이 '모개'였지
앞뒤 꼭지 불거져 귀엽지 않은 아기
오빠들은 놀렸고
엄마는 아기를 감싸 안고 얼렸지
향기로운 여인이 될 거라고

늙어 가는 일은 향기를
가슴으로 모아 손발로 푸는 일이다
물길 끝날 때 강물에 퍼지는
모과 향기를 품고 싶다

콜라 한 잔 나눠 마시다

동창을 여니 산들바람이 기웃거린다
들뜨는 아침
시원한 생기가 머리칼에 웃음을 흘린다
여름이 낙엽 질 굴참나무숲으로 숨어든다

더운 바람은
지상을 화덕으로 애태우고는 기가 꺾였나
숨찬 뜀박질 쉬지 않던 에어컨도
휴가 갈 채비를 한다

찌는 햇볕에 달궈진 여름에 홀연히 떠난 너
'열받은 태양을 피해 지하에서 잘 지내고 있으니
걱정하지 마'
열대야로 뒤척이는 내게 속삭인 바람

떠난 지 벌써 일 년
너를 찾는다
좋아하던 콜라 한 잔 나눠 마시니
시원한 입술이 내 볼에 바람으로 앉는다
혹시 너니?
안녕! 보고 싶은 아이야

건강한기라

고무줄이 끊어진다
오랜 장롱살이가 숨 막혔나 보다
솜씨 부려 만들어 입혔던
아이 격자무늬 잠옷

새 잠옷 입고 함박 미소 만들며
이불 위에서 물구나무서던 아이
눈동자에 돌아온다
삭도록 간직한 바느질한 옷들
치워버리니 서랍이 환하다

제 식솔 건사하느라
안부 멀어진 아들에게
전화 한번 넣어 봐야겠다
잘 지내고 있는지

'나는 나이만큼만 아프니 건강한기라'

씹힌다는 것

낙지탕탕이가 꿈틀거리는 접시 앞에서
한입 가득 거품 무는 여자
맞은 편 남자도 붉은 눈으로 입맛 달싹거린다
그림자로 박혀 떨어지지 않을 것 같던 남자
웬일로 갈라서잔다
단물 빠진 껌은 입속에서 퍼진다
'좋다, 가라 가버려라'
잇몸에 달라붙은 낙지탕탕이를
떼내며 붉은 검지가 소리지른다
아픈 혀가 사레든 빨판을 뱉는다
단맛이 사방으로 흩어진다
붙들 수 없는 바람이다

많이 씹혀주었다
잘 가라 낙지야
누구든 씹히면 단맛이 난다

날아다니는 고래

고래는 바다에서만 살지 않는다
가끔 날개를 달고 하늘에서 난다

더 깊고 높은 곳으로 가고 싶은 고래
지느러미를 크게 펼친다
고래가 내뿜은 물보라를 구름이 받아먹는다
날개를 타는 구름
고래가 하늘로 날고 있다

아기 고래가 물보라를 타며 나르는 연습을 한다
엄마 따라 하늘로 나는 고래가 될 거야
아가야 잘하고 있어
날개가 생길 거야

하늘은 온통 고래 날개로 덥힌다
구름은 높게 솟구쳐 고래를 반긴다
날개를 단 고래
해운대 빌딩 숲 위에서 날고 있다

텃새

봄 오는 남쪽 나라가 보고 싶지만
알에서부터 회화나무 주변만 맴돌아
멀리 가는 게 두렵다
날개가 작아 오래 날지 못한다

제비 가는 곳은 어떤 섬일까
그려보지만 알 수 없다
처마 아래 지저귀던 어린 새끼
단풍이 은행나무 노랑을 질투할 때면
날고 싶은 꿈을 꼬리에 달아 보낸다
벌판에 눈사람이 지나가고
제비 간 곳에서 훈풍이 온다
보고픈 새가 물고 온 꽃이
지붕 위에 달을 매달면
바가지 타고 달뜨는 섬에 간다

나는 텃새다

날고 싶은 오리

옥황상제는 던지는 시늉만 하려 했다
조그만 물웅덩이라니
그런 곳에 딸을 떨어뜨리려 한 건 아닌데…

멀리 날지 못하는 오리
오리는 전생이 선녀인지 알지 못했다
좁은 웅덩이에서 어울리는 짝을 만나
새끼를 치고 살았다

기러기 떼가 날고 있는 하늘을 본 오리
문득 하늘로 날고 싶어
날개에 힘을 주기 시작했다
어느 날 날개를 펴고 날아오른 오리
날 수 있음에 기뻐하며
하늘 끝에 닿을 수 있는 날을 위해
날갯짓을 멈추지 않았다

옥황상제가 사랑한 딸,
청둥오리로 푸른 하늘로 날아갈 수 있을까?

버린다는 것은

쌓이는 것은 어둠이다
치워진 곳엔 흔적이 남지 않는다

눈이 외면한 부호들이
발음되지 못한 채
종이 위에서 시들어간다
한 번도 펼쳐지지 않은 갈피 속에서
문장이 된 단어들이 엎드려 있다
머릿속을 살찌운다고 모은 책들
손 가지 않은 장식이 된 후
폐휴지가 된다
확 트인 서재가 밝다

욕심을 내려놓는 일은 새벽이다
동녘 하늘에 햇살이 눈부시다

은하철도를 타다

날고 싶을 때
떠나는 사람은 날개가 있다

날개가 가고 싶은 곳은 어딜까
터 잡은 처마 밑 둥지에서
날아갈 수 있는 거리는 얼마쯤일까

떠나고 싶다
쉬고 싶다
그러나 쉴 곳은 단 한 곳
네게로 가는 기차 안이다

꿀잠을 잤지
가끔 네가 있는 곳으로 가는 터널 속
눈썹이 끌어안고 떨어질 줄 모르는
달콤한 휴식이지

새는 쉬고 싶다
날개를 접고 은하철도를 타면
빛으로 네게로 간다
함박웃음으로 마중 나올 네 품에 안긴다

아이들이 눈부시다

개기일식을 보려고 온 미국이 들썩인다*
숨 쉬는 지금이 기회다
날아서 아메리카로 간다

빗살무늬가 만들어지는 하늘에
장막이 쳐지기 시작한다
무궁한 태양이 쟁반만 한 그림자에 천천히 잠긴다
하늘과 넓은 운동장이 회색으로 물든다
작은 가슴으로 닿을 수 없는 셈법이다
알 수 없는 두려움으로 심장이 찬 이슬에 젖는다
초등 때 만났던 개기일식이다

손바닥으로 태양을 가리지 못한다는 말은
거짓이다
작은 달 그림자가 태양을 감추어 버리듯
허위로 포장하는 사람들
득달을 위해
손바닥보다 작은 그림자로 빛을 숨긴다
그림자는 오래 머물지 않고
짧은 어둠은 빛을 삼키지 못한다

햇살 받아 환하게 웃는 운동장 아이들
눈부시다

*2024년 4월 8일 북아메리카 일대에 나타난 일식

어둠을 보다

눈은 어둠이 무섭다
감지 않을 것이다
어둠이 눈에 거미줄을 친다
눈을 감고 지나갔거나 스쳐간 일이
가슴에 멍으로 매달려 있다

폭포에 몸을 구를 용기가 부족하고
힘도 없다
거스름도 없이 흐른다
그것이 옳은 일이라 믿는다

이제 강 하류 풀숲에 걸린 거미줄
산 너머로 사그라드는 노을이 깊다
폭풍우 떠난 강물도 급한 물살을 만들지 않는다
눈 감지 않는 까닭은
밤하늘 별을 쳐다보기 위함이다

침묵하는 어둠이 싫다
별을 쳐다보며 다시 오르리라
하늘 위 구름을 뚫고 별이 사는 곳으로
부릅뜬 눈으로 어둠을 보리라

제 2 부
깃발에 대하여

깃발에 대하여

다시 펄럭이고 싶다
나는 한 장 면포로 누워 있다
스스로 신음조차 내지 못하는

깃대에 매달려
지상에 꽂혀야 깃발이 되는

네 없으면 나도 없다
파도 위에 누웠어도
춤추고 싶다
나는 너에게서 날개를 빌려
깃발이 된다
춤추는 일이 한 강물이다

묶인 깃대를 벗어나
바람과 함께 하늘로 날아올라
온 땅을 덮는 꿈을 꾼다

깃발은 언제 바람을 만날까

꿈꾸는 꼬마 소녀

혼자 살고 싶다
하늘에 닿는 담장을 길게 두른다
그 안에 산과 들, 꽃과 풀, 나무와 바위,
산짐승과 들짐승, 새와 물고기도 함께다
사람들만 빼고 모든 것이 다 있다

공주가 왕자를 만나는 동화가 아니다
아프고 울고 싶을 때
어른들 간섭과 꾸중에서 헤어나고 싶을 때
안개 속에서 헤매다 자고 싶을 때
불안으로 풍선이 된 심장이
머릿속에서 바윗덩이로 커질 때
하늘이 만들어준 피난처
아름다운 꽃들과 함께하며
하고 싶은 대로 할 수 있는 비밀스런 영토
하늘 닿는 담장 안 왕국이다
스스로 유배된 공주
푸른 강물 머금은 꿈꾸는 꼬마 소녀

기억을 더듬으며 구름 속 동화에 미소 머금는다
혼자 사는 꿈을 이루었다

그때 꼬마 소녀로 돌아가서 다시 꿈꾼다
언젠가 가게 될 별나라

눈물에게

떠나지 않고 있는 너
왜 나를 짓무르게 하느냐
가까이하고 싶지 않다 가다오
제발 떠나다오, 눈물아
잰걸음으로 따라와도 소용없다
너를 위해 쏟은 가슴이 홍수가 되어
내 아픔을 무너뜨린다
긴 세월 제방이 되어주어 고맙다
이젠 헤어질 때가 되었어
너를 추억하는 가슴이 노을빛에 물들었다
내 얼굴 씻어주고
고운 물결로 수놓아 준 아리지만 따뜻했던
네가 애틋하다
안녕! 눈물아 고맙다
바람 거셌던 길
너마저 없었다면 어땠을까

흘러온 길목 어디쯤에서
나도 모르게 사라진 너
노을진 강둑에 서서
너를 떠올리며 다시 눈물 훔친다

다시 반대편 열차에 오르다

무임승차권이 열어준 역에서
지하철에 오른다
우주로 날아갈 수는 없지만
무임 교통카드가
우주선 달나라 티켓보다 고맙다

나는 AI 시대 사람
태어날 때 유전자에 심어둔 칩이
우주로 날게 한다
이곳은 달나라다
내려다보는 지구가
저렇게 빛나는 푸른빛 별이라니
다대포 해수욕장이
별에서 손짓하고 있다
달에는 바다가 없다
출렁이는 바다 다대포로 다시 가고 싶다

"다대포 해수욕장 역입니다"
놀라 눈뜬다 그러나 뭔 걱정
나에게는 무임승차 카드가 있는데
다시 반대편 열차에 오른다

찬서리 밟으며

늦가을 이른 아침이 차겹다
가슴 속까지 서늘해지는
낙엽 쌓인 오솔길을
옷깃으로 냉기 훔치며 걷는다
'모자라도 쓰고 나오지'
머리카락이 버둥거리며 소리지른다

잠들지 못한 간밤
나라의 큰 변*이 어떤 방향으로 흘러갈지
편치 않은 눈두덩이 경련을 일으킨다
왜 그랬을까
정상에 선 소나무에
발아래 나무들이 그늘을 세웠나?

허투루 뱉은 말은
무거운 족쇄가 되어
살 속으로 파고들어 상흔을 남긴다

다 욕심이다
늦가을 찬 서리도 햇빛에 사라지리라
*2024년 12월 3일 계엄령 사건

어머니의 연꽃

다섯 우산은
어머니 호수에 핀 연꽃이다

우산은 늘 젖어 있다
볕이 모자라는 일상에서
어머니 우산은 펴서 말릴 여유가 없다

우산은 늘 들통에 꽂혀있고
어머니는 다섯 아이가 비 맞지 않게
우산을 펴들 준비를 한다
자신은 젖어도 비를 밀치며
어깨 으스러지게 우산을 받쳐주던 어머니

품에서 떠난 다섯 아이
우산을 펼친다
볕살 받아 탱탱하다
바람살도 비켜가는 연꽃 다섯 송이
어머니 호수에서 활짝 웃는다

불씨를 일으키다

어느 바람인들
훈풍으로 날고 싶지 않을까
꽃망울 터뜨려주고
아가씨 긴 머리칼도 쓰다듬는다
하얀 볼 꼬집어 붉게 물들여 준 후
함께 가자고 말 붙이면
아가씨들 봄바람에 휩쓸린다

그에게도 그런 시절 있었다
동트는 바람이 있었고
흔들리지 않을 굳센 방향도 있었다

모진 북풍에 시달려
이젠 가늘고 느린 몸으로 흔들리지만
아직은 멈추고 싶지 않다
바람으로 사는 날까지는
다른 이들 가슴 속에
따뜻한 바람으로 스미기 위해
풍로를 돌려 불씨를 일으킨다

은행나무가 울다

구름은 이불이다
젖은 이불은 차다
덮어쓰고 우는 서면문화로 은행나무
노란 잎에 이슬이 맺힌다

바람을 가까이한 은행나무
구름이 숨긴 햇살
바람은 갈수록 차가워진다
보낼 수밖에 없는 황금빛 잎
찬 이불을 덮어쓰고
바람을 품어 안지만
바람은 한창인 잎을 몰고 떠난다

노란 바다 숨기지 않고
타는 속내 감춰지기를 바라지만
북쪽에서 오는 손님은 쌀쌀맞다

문화로 은행나무가 노란 눈물을 흩뿌린다

너는 아느냐

너는 아느냐
소리 없는 어둠이 얼마나 깊은지
너는 신음 한번 제대로 뱉지 못하고 떠났지
난 무섭다
시꺼먼 휘장이 일렁이는 밤이

너는 아느냐
가슴 터지는 느낌을
난 네 눈동자 속에 빠지고 싶다
그곳은 아무도 침범할 수 없는
나와 네 호수였다
이제 호수는 차갑고 검은 얼음이 덮였다

너는 아느냐
네가 눈바람 타고 떠나버린 밤
십일월의 갈퀴 바람은
나뭇가지를 움츠리게 한다

한 번만이라도 아가야!
내 눈 속에 돌아와다오
따뜻한 네 눈동자로

차가운 가슴을 덥혀주려무나
네가 없으니 나도 없다

눈이 붉은 아이가 나를 쳐다본다
다시 오한이 온다

경계를 넘어서

고개를 갸우뚱한다
무슨 좋은 일이 있기에
저리도 많은 사람이 줄을 서 있을까
줄 끝에서 물어도 표정이 없다
밝은 한 사람이 줄에서 빠져나오며
"줄 서기 싫어, 안 가고 싶어 그곳이 그렇게 좋은가?"

저승 가는 표를 예약하는 줄이라고 누군가 말한다
이들이 잡을 예약일은 어떤 날일지
나도 그냥 빠져나가고 싶다
내 뒤 긴 줄이 길을 내주지 않을 눈빛으로 쏘아본다

머리가 아프다
가위눌린 잠이 숨차다

떠남에 차례가 매겨진다면
어떻게 기다려야 할까
스스로 오지 않는다
떠날 때는 내 뜻대로 가고 싶다
줄 서 기다리고 싶지 않다

넓고 익숙한 개똥밭에서
날개 펼쳐 경계를 넘을 것이다

동전 똥

"에미야 나왔다 나와"

아이가 두 돌쯤 되었을 때 일이다
전화선을 타고 귀에 꽂힌 '나왔다'는 말에 발이 하늘로 솟구쳤다 아이가 삼킨 동전으로 잠을 설치고 출근해서 전화기에 귀가 꽂혀 일은 손 밖에서 제멋대로 놀았다
고르지 못했던 숨길이 제자리를 찾아 조용해졌다

아이가 '캑' 소리와 함께 얼굴이 발갛게 달아올랐다
아이 등을 두드리며 어른들 놀란 고함이 아이를 더 놀라게 했다
목구멍이 그리도 넓은 것인지 어머니 말씀처럼 조상이 도운 건지 아이는 별 이상 없이 깊은숨 들이마셨다

그리고 며칠 후
별난 아들 아니랄까봐
또 한 번 동전을 삼켰는데 무사히 배설했다

그 동전 똥은 귀한 약똥이 되었다
어머니가 발목뼈를 삐끗하셨는데 개똥 술을 담가서

먹어보라는 어른들의 조언이 있어 마침 잘됐다 하고 손자 동전 똥이 개똥보다는 훨씬 낫겠다며 소주에 담갔다가 가라앉혀 잡수시고는 걷는 것이 수월해졌으니 감사한 일이다

길은 기억하지 않는다

구름이 하늘에 길을 만들고 발자국을 찍는다
발자국이 아프다
구름 눈물은 탭댄스로, 왈츠 선율로
흙을 어루만지며, 아픔을 아우르며
깊이 파인 발자국을 씻어낸다

누가 발자국 길을 기억하겠는가
자신도 모르는 비틀걸음으로 걸어온 길 위에서
누가 발자국을 탓하겠는가

먹구름이 하늘을 덮을 때
폭풍우를 두려워하며
조심스럽게 발을 내딛지만
바닥이 고르지 못한 땅을 염려하지 않는다
우리가 두려워하지 않는 길 위에서
구름에 지워지는 발자국

길은 발자국을 기억하지 않는다
빗물에 떠내려 보낼 뿐이다
발자국은 상관하지 않는다
하늘로 다시 걸어갈 뿐

쑥떡과 해풍

쑥떡은 바다 맛이다
할머니 부산 사투리는 쑥떡이다

친구와 가덕도에 봄나들이 간다
급하다는 도시락을 먼저 푼다
상긋한 바닷바람이 입맛을 돋운다
손짓하는 바다를 낀 양지바른 언덕에서
서툰 손놀림으로 쑥을 캔다
해풍 맞은 쑥이 깊은 맛 난다고 했던가
쌉싸름한 쑥향이 입술을 훔친다

악다구니 같은 사투리가 찰진
옆집 할머니는 부산 토박이다
할머니 거친 입술에서 터지는 억센 목소리는
처음 들을 땐 눈이 휘둥그레지지만
자주 대하면 마디마다 속정이 느껴진다

자꾸 손이 가는
콩고물 묻힌 말랑한 쑥떡
바닷가에 살면 해풍이 맛을 입히나 보다
다 맛나다

밝은 그림자

어두운 그림자 위에 눈물이 떨어진다

태양이 거쳐 간
목마른 땅에 비가 내린다
그림자는 새로운 꽃을 만들기 위해
열기로 갈라진 땅을 식힌다

숨 가쁘게 뛰는 그림자가
빗속으로 들어간다
가슴에서 뿜어져 나오는 열기가
물안개를 만든다
이제는 드리울 수 있다
숨었던 그림자들이 미소를 몰고 돌아온다
때로는 나무가 만든 검푸른 그늘이
붉어진 얼굴을 가려주듯
떨고 있는 꽃이 그림자 안으로 숨는다
땅이 숨을 쉰다

지금부터는 그림자를 사랑해야지
더러는 햇살에 말리기도 하면서
가을비가 폭우다

아린 내 눈물도 함께 실린다
밝은 그림자가 눕는다

스스로

삼복에 덩치 부푼 삼백 그루 나무가 내뿜는
고성에 숨 막힌다
아귀다툼이 따로 없다

체중 미달로 웃자란 풀은 볼품없다
더 말라 노래진 허공을 붙들고
구급차에 실려 가서
검사란 검사는 다 받는다
결과는 위염이 어쩌고…

속 썩이며 아우성치던 위가
약에는 머쓱해진다
잘 먹어야 한다는데
가느다란 몸 붙들고
부드러운 죽으로 달랜다
스스로 회복될 것이다

여의도 삼백 그루 나무들
잎만 우거져 그늘이 의심스럽다
제초제로는 애먼 풀들만 당할 것이니
햇볕 가리지 말고 스스로 솎아져

이백 그루로 줄어든다면
풀들이 숨 쉴 자리가 나지 않을까

시들한 풀뿌리들 스스로 살아난다면
여의도도 삼천리강산도 만세다

사과나무가 휘어지다

빨간 사과는 아프다

영천호국원 가는 길가 과수원마다
사과나무 가지가 휘어진다
잘 익은 사과들이 붉은 눈물이다

익을 때까지 견디지 못하고 떠난
가슴에 매달린 푸른 사과를 본다
풀리지 못한 사과가 멍울이다
서툴게 내밀어 본
시선이 차갑게 돌아서고
내 속은 얼음이다
손이 붉어진다
물들지 못한 사과가 비명이다

마음속 푸른 사과도 아프다
아프지 않게 물들기를 기도한다

사과를 따는 계절이 오듯이
가슴속 사과도 익을 것이다

한반도를 만들다

오빠는 하느님이다
버려진 신문지로 한반도를 만든다
백두산에서 한라산까지 산맥들을 일으켜 세우고
평야에 벼이삭을 심는다
하느님이다

압록강에서 낙동강까지 강들도
푸르게 꿈틀거리며 물이 흐른다
정말 하느님 손이다

삼천리를 높낮이와 옅고 진한 색깔로
눈에 들게 만든다 멋진 하느님!

숙제를 못 해 울음보 터진 동생을 위해
만들어준 한반도 모형은
방학 과제물 전시에서
우수상을 품에 안겼다

함께 신문지를 불리고 찢었으니
네가 만든 것이라고 오빠는 말했다
오빠가 하느님이 되는 순간이다

세일은 없다

연말 세일 기간이다
인파 속에 구겨 넣어진 총각 핼쑥하다
새벽부터 백화점에 줄 선 사람들은
명품을 집어 들었으리라
원 플러스 원이나 반값에 나온 물건들이
딱히 살 것도 없는 사람들 시선을 붙든다

구석진 카페 테이블에서
지나는 사람들을 훑는다
어머니 걱정을 덜어드리려면
저 물건들 사이에 나도 끼워 넣고 싶다
갖출 것은 다 갖췄는데 때가 느림보다

'저기 눈에 꽂히는 아가씨 노총각 세일합니다
 원 플러스 원은 안 되지만 만족할 값에 드리겠습니다'
'쿡~'
공기가 웃음을 터뜨린다

은가루가 흩뿌려지고 있다
눈발 속으로 징글벨이 굴러간다
콧노래 바퀴도 뒤따른다

앞선 아가씨도 짝 없이 스텝을 밟고 있다
눈부시다

'내년에는 노총각 세일 없어요'

안개 냄새

서 있는 바람은 없다
긴 잿빛 머리칼 뭉치들이
가느다란 아픔으로 몸을 휘감는다
풍성한 머리카락은 근접할 수 없는 신비
아리며 흔들리는 물결
향기를 쫓는 눈은 파도에 뜬다

새침스러운 그녀
반짝거리는 머리칼 흩날리며 바람을 맞혔지
어느날
치킨 머리가 되어 돌아왔을 때
폭우로 무너지는 흙더미가 가슴을 쳤다
그녀에게서 튀김 닭 냄새가 나는 것은
나만 만지는 바람 물결일까

알았다
머릿결 흩날리는 설렘은
푸른 날에 끼는 안개였음을

제 3 부
소금사막

소금사막

바다는 낙타를 그리워해
길고 긴 손가락으로 파도를 일으키며
바위에 손톱 깨며 울었으리라
눈물로 짜진 바다
아픔을 참고 기다렸으리라
한 방울 눈물이 소금이 될 때까지

폭풍우에 짠 내음 묻혀
사막으로 바람을 보내 바다를 전하지만
오지 않는 낙타

낙타를 기다리며
바닷가 모래벌판에
발자국 찍으며 울고 난 자리는
눈물 꽃이 핀다
햇살이 달래고 달래
하얗게 소금사막이 된

서성인 발자국 지금도 또렷하고
햇살 그림자 길고 깊지만
낙타는 사막을 떠날 기미가 없다

이별가를 그리다

밤으로 눈이 내린다
매화가 사는 마을
흐트러짐 없이
어두운 밤을 사랑가가 밝힌다
눈 위로 찍히는 발자국은
어디로 가는지…
발자국 위에 내 발자국 얹는다

당신은 어느 별이기에
이다지도 가슴 시리게 하시나요
싸락눈이 하염없이 창을 덮는 밤
묵향 뿌리며
말하지 못한 깊은 속내
절절히 찍어낸다

절창은 아니지만
이 노래 들으소서
마음은 그대와 널뛰며
애절한 음절 한 폭 그립니다

새벽에 붉어진 눈 비비니

왔다 가신 발자국 옆에 발자국 하나
따라가다 말고 끊겨 있다
아, 내가 그린 이별가

천천히 오래

꽃이 시드는 까닭을 아시나요
깊숙한 눈동자에 빨려들면
화상을 입고 마는 꽃
변하지 않는 꽃으로
오래 곁에 머물고 싶은

너무 강한 불꽃은 빨리 타버리고
상처가 재 아닌 옹이로 남습니다
천천히 오래 보아주세요

처음 그 눈빛만큼 강렬한 향기로
그대를 위해 그대에게 맴도는
시들지 않는 꽃이 되렵니다
그러나 싫증이 독화살로 꽂힐 수 있으니
절정일 때 떨어져
사흘은 더 눈이 아플*
모란으로 피겠습니다
그대여! 천천히 오래 보아 주세요

*류시화 시인의 「모란의 연」에서

우수리가 되다

지면에서 우연히 알게 된 그 사람은
푸른 날에 단비를 내려주었다
설렘을 안고 그와 마주한 언어들은
낱말 하나하나가 모두 단맛이었다
잠 못 드는 날들이 날개를 펴고
아무도 잡아보지 못한 손으로
손가락이 부르트도록 모래를 버무려
벽돌을 찍어 무지개 집을 만들어 띄우면
그는 더 멋진 집을 지어 보냈다
낯설고 알지 못했던 벽돌을 쌓는 일은
얼마나 설레었는가
한동안 그 집에 빠져 살았다
한 번도 눈 맞추지 못했지만
풋풋했던 시절 마음 다해 끌려들었던 집

가끔 내 저녁 빛에 우수리가 되어
붉은 구름장으로 미소 짓게 한다

노란 손수건

묵은 공기에 누렇게 떠버린 시집 갈피에서
은행잎이 바스러지며 떨어진다
과제에 시를 곁들여 쓴 편지가 좋았다고
선물로 받은 구르몽 시집
시몽은 골방 상자에서 늙어버렸다

노란 파도 일렁이는 교정에는
소녀들이 날린 웃음 망울이
노랑나비를 타며 굴렀다

기다림이 매달린 십일월 은행나무
수만 장 노란 손수건이 바람에 흔들린다
주워 담지 못한 날개가 갈색으로 저문다
은행잎이 단발머리를 떠올리며 미소 짓는다
그때부터였나? 노란색을 좋아한 게

노란 손수건 바람에 흔들며
잡지 못한 기다림이 어깨를 툭 칠 것 같은
서면 문화로를 걷는다
수만 장 노란 손수건이 햇살 사이로 눈부시다
그리움이 곧 도착할 것 같다

바람꽃

한밤중 서늘한 바람꽃이
이불깃을 파고들며 향기를 풍긴다
당신인가요?
거리낌 없이 눈에 드는 눈빛
들판에서 꽃구름 몰고 다니며
가슴을 짓무르게 하는

그립다 지쳐 잠든 나를 깨운 이는
창 비집고 들어선 꽃향기다

어느 날
문풍지 흔들린 까만 장막 앞에
창槍 높이 쳐든 괴수 그림자로 비명 터지게 한
그대는 정녕 바람
새벽녘 발 시리게 비집고 들면
등이 먼저 오그라든다
당신인 양 이불 속에 품는다
따스한 속삭임 귓불에 매다는 당신은
물결에 흔들리는 바람꽃
그 물결에 뛰어드는 나비는
어둠 녹이는 바람꽃 향기

풍선

그대는 내게 풍선입니다
어디든지 날아갈 수 있는

산 너머 어느 별에 머무는가요
보고 싶습니다

달빛 타고 오실래요
홀쭉한 종이배로 은하수에서
어둠을 건너겠다고 말하네요
반쪽 웃음은 누구에게 보냈나요
풍선은 터질 것 같이 가차이 옵니다
허당 웃음이네요
다시 반쪽은 어디에 감추었나요
꺾어진 나뭇가지 되어 사라진
그림자 뒤에서
술래는 풍선 바라기에 목마릅니다

신기루가 귀띔합니다
보름달로 컸다가 그믐달로 사라지는 사랑은
한여름 밤의 꿈이라고

별나라에서 풍선을 찾을 수 있을까요
나도 풍선이 되어 그대 곁으로

춤추실래요

물고기좌 은빛 고기들이
돋보이는 밤하늘

피곤하시죠
여러 대양을 건너왔으니
좀 쉬어도 되겠습니다
손잡고 춤추며 빛나는 밤을
즐기지 않으실래요

유람선에서 보는 밤바다는
푸른 별을 품은 하늘입니다
파도에 숨바꼭질하는 별들 웃음소리 들립니다
술래는 하늘에서 내려다보는 당신입니다
나는 바람 옷을 입은 무도회 꽃입니다

바다에서 올라간 물고기들이
별이 되어 휴식하는
술래가 물고기 한 마리 무도회장으로 낚아 올려
손을 내밉니다
"춤추실래요"
하늘에서 쉬는 당신을 기다렸지요

꽃과 별 두 스텝이 눈을 사로잡습니다

당신과 나는 한몸입니다
하늘과 바다가 한몸입니다

눈 맞추다

눈 맞추지 않은 적 없다
시간을 앉힐 의자는 멀고
빈 그릇은 눈이 없다

머리맡에 두고 잠들었던
네가 알람을 울린다
어디를 가도 공기처럼
물처럼 주변을 떠돈다

너는 글을 깨치지 못한
유년에도 내 주변을 맴돌았다
늦게나마 가까이 끌어당겼더니
가슴에서 달큰한 샘물이 솟구쳤다
살아가는 바람이 너로부터였고
미소 머금은 생기가 왔다
때론 눈가에 이슬도 맺혔다
타인과의 비교가 시작됐다
바라볼 수 있을 뿐 무지개는
창밖에서 웃었다

나는 네가 언제나 고프다

문밖에 있는 모든 글자가 투명한 언어로 정열한다
나는 네 속에 들고 싶어
너와 눈 맞춘다

금환식 金環蝕

다이아몬드 반지보다 더 귀한 반지를
그녀에게 선물할 날이 왔다
나는 청혼한다
저 하늘의 반지를 따서 그녀 손가락에 끼운다

태양 불꽃으로 만든 반지를 선물하는 나는 헬리오스*다
지상에선 은반지 하나지만
태양이 만든 금환을 끼고 다짐한다
강물로 흐르다 바다로 가자고

백수를 맞을 때
다시 찾아온 금환식에
그대 나의 페르세이**는
금관을 쓰고 파도 위에서 춤추리라

축복받은 신부
태양이 빚은 반지를 끼고 환하게 웃는다

---

*그리스 신화에서 네 마리 신마가 모는 태양 마차로 동쪽과 서쪽을 오가는 태양의 신
**헬리오스의 아내

상사화를 그리다

눈이 깊은 그 아이가
하늘에서 나를 끌어 당긴다
그 눈에는 빛이 있고
깊은 강물이 흐른다
때로는 물빛 그늘을 만들지만
그것은 푸른 끌림이다

품어주기를 바라지 않는다
그냥 쳐다볼 수 있는 거리면 족하다
갑자기 창밖으로 사라진
그 애는 꽃이 된다

하늘이 그린 상사화가
구름 사이로
그림 사이로
내 눈을 응시하면
상사화가 눈에 꽃물 들이고
붉은 눈동자가 노을을 그린다

꽃잎이 아린 빗물로 내린다

그믐 달빛에 몸을 씻고

그믐달이 구부러진 물고기 모양으로
새벽 강에 빠질 때
한 아이가 달빛에 몸을 씻었다
늦은 나이 출산은 난산이었다
아이는 그믐달처럼 야위어 가다 고열에 들뜬다

그 상흔은 평생을 옥죄는 사슬이 되고
보름달 뜨는 날에는
푸른빛 잎새 울창한 나무로 나이테를 늘렸다

멀리 있는 자식들에게
서운한 맘 한 조각 씹으며
내가 어머니 생일상을 차린 적 있는지
곱씹어 본다
참으로 못난 딸이었구나
어머니 생일은 그믐달도 사그라진 그믐이다
먹지 못한 찰밥 지어
어머니와 함께 혼밥 먹어야겠다

그믐이 지나면 초승달은 여명 속에서
다시 솟아오를 것이다

나도 이제는 몸 굵은 느티나무다
모양으로만 달을 좇지 않는다
달은 항상 새롭게 태어나는
둥글게 부픈 가슴이다

팔월 비
― 광주, 오월을 살다간 박상철을 보내고

팔월 비는 아프다
우레 데리고 찾아오는 비는
지상을 무너뜨리는 폭풍우다
태양에 달구어진 대지를 적시며
끓어오르는 화를 식히고 있는

우레 따라 떠난 너는
비를 맞고 걸어도 즐거울 거야
걷고 싶다고 걷고 싶다고
열세 살 이후 소원했던 너는
사십이 년을 아픔을 수레에 싣고
비탈길을 오르내렸지

달리고 달려라
부풀린 풍선 같던 울분 번갯불에 태워
이제 자유롭게 걸어가라
곧 다가올 산야는
너를 환영하는 붉은빛으로 물들겠지
너는 가문비나무 나란한 숲속에서
뜀박질하며 비에 젖은 머리칼 쓸어올리며
손 흔들고 있구나

잘 가거라 잘 가거라
뜨거운 광주 오월의 아픔 다 잊고
달려라

휠체어가 저만치
빗속에서 너를 배웅한다

사라진 집

그 집에 가고 싶다
키 큰 노란 꽃이 담장을 뒤덮은 일본식 기와집
(아마 천수국이었을까?)
일곱 살 기억에 남은 모습이 비슷하다

마당 꽃밭에는 손에 물들이고 싶은 색깔들이
작은 눈동자 속에서 놀았다
아주 키 큰 땡감 나무 그늘은
꽃이 질 때쯤에는
감꽃 목걸이 꿰는 놀이터다

한 갑자 더 지나서
여행길에 그 집 앞을 지나간다
일곱 살 속 그 집은 이미
흔적이 없다
십 년 전 마주쳤을 때는 옛 모습 그대로였는데
용기 내어 들어가 보지 못한
아릿한 아쉬움이 몰려온다

복도 마루에 엎드려 유리창으로 들어오는
햇살에 몸 비비며 뒹굴던 기억은

아직도 따뜻하다

누가 기억해 줄까?
대단지 아파트에 숨은 그림이 춥다
흐릿해지는 유년이
안녕, 손짓하며 사라진다

날개

날개 가진 새는 벼랑이 없다

어미 오리가 벼랑에서 물로 뛰어내린다
머뭇대는 새끼오리들
첫째가 뛰어든다
마지막 한 마리도 날개를 파닥거리며
무사히 강물 위에 내려앉는다
"잘 했어"
엄마 오리가 긴 꼬리를 내어준다
줄지어 헤엄치는 날개 가족들

날개 없는 소나무
벼랑은 수시로 눈 앞에 펼쳐진다
날개 솟기를 꿈꾸며 날아보려고
낮은 언덕부터 뛰어내리는 연습을 한다
두렵지 않다
뛰어내리다 누운 몸으로
낭떠러지 바위에 꽂혀 살아도 좋다

날개가 솟아난다
벼랑 아래는 파도가 친다

손바닥 꽃

손바닥을 찾아
꾸에바 데 라스 마노스*로 간다
그곳에 나란히 새겨진 나와 네 손바닥
꽃으로 피어 있다
일만 년을 이어온 흔적이라고 못내 그리웠다고
강과 숲을 누비며 함께 사냥했지
네가 주었던 그 믿음, 그 따뜻함을 다시 내가
손가락 마디마다 힘주며 너를 만난다

오른손바닥으로 네 왼손바닥을 감싼다
따뜻한 네 온기가
칠천 년을 뛰어넘은 전율로 심장에 박힌다
살아 숨 쉬는 네 손바닥
오랜 비바람에도 변치 않는 묵언이
분홍빛 꽃으로 핀다
우리 손바닥 꽃이 또 새겨진다
다시 일만 년 후에도 남아 있을 손바닥 꽃

*손들의 동굴 : 아르헨티나의 리오 핀두라스에 있는 선사시대 암각화가 그려져 있는동굴 구천 삼백년전 그림들이 시대별로 그려져 있고 손바닥 그림은 칠천년 전의 그림이다.

낙타표 성냥

지나간 시간을 파는
구멍가게가 핸드폰에서 손짓한다

타오르는 불꽃에 홀려
낙타가 사는 성냥 한 통을 다 살라버리고
종아리가 부어오르게 했던
머리부터 타오르는 불꽃은 파랗고 차갑고,
톡 쏘는 냄새가 좋았다

친구가 된 낙타와 자주 불꽃놀이를 했다
낙타를 사막으로 보내고
엄마 눈을 피하려 했지만
손톱에 남은 유황 냄새를 지울 수 없어
회초리가 휘어졌다

유년은 투명하게 기억되고
지금은 슈퍼마켓에서 구할 수 없지만
아직 옛것을 그리워하는 사람이 있는지
인터넷상점에서는 구할 수 있다
낙타표 성냥 열 통 주문한다

거실 서랍장에 올려놓은 낙타가
불꽃놀이 하자고 눈을 찡긋한다

아픈 떡잎이 웃다

입술 속에 웅크린 떡잎
고개 내밀 기미가 없다
봄바람 불면 돋아날까

아픈 아이는 웃을 줄 모른다
보이지 않는 장막이 빛을 차단하고
그림자는 가위눌린다

벚꽃 터널에서 봄바람이 일렁인다
꽃잎이 하얀 눈으로 날리며 깔깔댄다
바람이 아이에게 웃으라고 속삭인다
입술이 열리며 엷은 미소가 살짝 스친다
그래 그것이야 큰소리로 웃어 보라고
바람이 귓불을 더 간지른다
아이가 웃음 터뜨리며 꽃 터널을 지나고
메아리는 아이를 무동 태운다

바람과 아이가 함께 웃음을 만든다
입술 닫았던 아픈 떡잎이
꽃잎 폭죽 터뜨린다

까치밥

떨어지는 일은 아리다
가지에 남아 까치밥이 되고 싶은

서 씨 아재 감 수확 철이면 산기슭 감밭에서
이웃들 웃음꽃이 감과 함께 구른다
짙은 산호석을 가지 휘게 매단 나무
오 남매 공부시켜 짝지어 보냈으니
감나무가 꽉 찬 곳간이다
감과 함께 뒹굴던 아재가
십수 년 전부터 피가 달더니
발가락부터 홍시로 익어
무릎 아래를 떨어뜨려 목발로 받침대를 세웠다
감나무도 노을길이다
삭정이를 쳐주어도 시름시름이다
주인 따라 하나둘 목발 짚는다

수확 끝난 나무에
감 두 알이 노을에 걸려 붉은 그물을 치고 웃는다
떨어지지 말고 까치밥이 되어라

벗꽃, 벗꽃

훤칠한 까까머리 남학생에게
쪽지를 날린 적 있다

흐드러진 우리 학교 벗꽃이
마음을 설레게 해 나만 보기 아깝다고

아차!
얼굴이 화끈 달아올랐다
벗꽃이 '벗꽃'으로 날아간 쪽지에
얼굴들 수 없었던 열여섯 계집애
무어라 표현하기 힘든 가슴이
사방 '벗꽃'으로 만개한 수치심

내 마음을 알았을까
그 까까머리는
돌아온 답 쪽지에
벗꽃은 눈 깜짝할 사이에 져버리지만
우리는 오랜 벗, '벗꽃'으로
변치 않는 우정을 쌓자고 썼던
오, 괜찮은 그 녀석!
빛바랜 사진첩 속에서 미소 짓고 있다

창밖은 흐드러진 벚꽃이다
떨어진 꽃잎 한 장이 바람에 실려
사진 속 '벚꽃' 얼굴 위에 앉는다

황금 모래

꿈을 꾼 것은 자정 넘어서다
노을 물든 소금밭을 걷는데
소금이 모두 황금이다
신이 간난한 고통을 알아주셨네
꿇어앉아 황금 짠맛을
입속으로 쓸어 넣었다
짜도 많이 먹어야지
그러면 황금알을 낳게 될 거다

새벽녘에 아이 기저귀를 간다
변이 몽실몽실 금 부스러기다
새 기저귀를 채우려는데
오줌 줄기가 뻗쳐 입으로 든다
짭조름한 맛이 입속을 환하게 한다
아이 오줌발에 소금에 절인 꿈이 일어난다
나는 설렌다
좋은 일이 있을 것 같은 바람이 흐른다
일어나 아이를 업고 해변을 거닐면
새벽 햇살 머금은 황금 모래가 반길 것 같다

제 4 부
달팽이 집

달팽이 집

집을 버리고 싶다
집에 들어가고 싶지 않다
햇살은 굽은 계단 밑에 숨고
온몸 줄이지만 나를 들이지 않는
아니, 들어가고 싶지 않은 집
밖에서도 짊어지고 가야 하는 짐
터뜨리고 싶어도 터지지 않는 물렁한 느린 발자국

알들은 풀숲을 찾아 강가로 가고
나는 집을 벗어나 초원으로 가서
민달팽이가 되고 싶다
내 다른 촉수가 발목을 붙든다
어쩌랴, 병들었는데
촉수 부딪히며 흘러간 바람 때문이다
모질지 못함을 탓하며
아픈 몸을 집 그림자로 덮는다

숨찬 달팽이가 바닥에 무릎 꿇었을 때
햇살은 뜨거운 바람으로 집에 풀무질한다

그럼에도 민달팽이는 집이 그립다

라일락꽃 결혼식

오월 공기가 수수박상으로 튄다
꽃바구니 들고
뒤뚱거리며 엄마 아빠에게 다가가는
22개월 아기
웃음소리가 잔디에서 꽃구름으로 피어오른다

들러리로 주변을 맴도는 손들이
아기 걸음을 부추기며 걷는다
살랑이는 귓속말들이 간지럼타는 난청이다

신랑 신부와 아기 스스럼 없다

오월, 야외 결혼식장
라일락꽃들이 서로 얼굴 내밀며
'와~, 와~'
박수치며 환호성이다
팬데믹으로 열매를 먼저 맺은
신랑 신부가 함께 아기를 들어 올린다

바람이 눈웃음치며 아기 머리카락 쓰다듬고 지나간다

높은음자리

방금 들어온 동영상을 켠다
선율을 무심히 듣는다
점점 스며드는 저릿한 느낌에
목청이 열려 듀엣이 된다
깊은 파동을 따라 가슴이 울렁이며
메마른 호수에 물이 고인다
몸이 풍랑을 만난 배가 된다

나는 음치다
이 아름답고 시린 노래가
앙상한 내 가지를 흔들리게 하여
높은음 사다리를 타게 하다니

어떻게
한 노래가 누군가에게 스며들어
이토록 풍랑을 일게 하는지
가수도 아닌 나이 지긋한 그녀가
온몸으로 부른 '그대 그리고 나'
늦은 밤
높은음자리에 흔들리며 눈물에 빠진다

휘필하다

휘몰리는 무수한 소리가 오물거려
삼킬 수가 없다
퍼담을 삽과 땅을 찾지 못한다
소화 안 된 말들이 모래가 되어 목청을 막는다
어느 날 불현듯
필통에 누워 있는 붓에게
삽이 되어 달라고 매달린다

소리를 퍼 나르기 시작한다
모래를 버무려 형상을 만들어 뱉는 일은
목이 비틀리며 아프고
엉뚱하게 소화불량이 되기도 하지만
비워진 입은 생수를 머금는다

소리를 조립한 필통 속 크고 작은 붓들
책상 위 주인이다

증조할아버지가 쓰시던 지필묵
무지로 버리고 없다
내 필통도 언젠가
나와 함께 치워질 것이다

할아버지 휘필 두어 점 남아 있듯이
내 소리도 휘필하면
한 점은 남을 수 있지 않을까?

연줄 잇기

하늘색은 깊다
방패연 옆으로
가오리연이 몸 흔들며 다가가지만
솟아오르는 방패연을 따를 수 없다
끼리끼리 노는 게 맞는 거야
다가온 꼬리 긴 연과 줄이 엉킨다
힘겨루다가 풀리고
다시 엉키며

꼬리가 길면 밟힌다
방패연에 꼬리 걸친 낯빛 뚜꺼운 연
먼저 연줄 끊자고 한다
끊으면 네 줄도 끊어지지 않을까
실랑이하며 서로 꼬리 매달고
창공에 원을 그린다

넓은 카페 한쪽
한 무리 청춘남녀들 그룹 미팅이다
누가 더 길고 질긴 연줄을 잡을 것인지
꼬리 긴 눈치들이 바람을 타고 나른다

지붕이 되다

비는 내리지 않는다
신발장 옆에 세워진 우산은 많은데

가랑비를 데리고 십리 길을 간다
어깨부터 젖어오는 한기에
몸은 사시나무 이파리가 된다
갑자기 뒤에서 받치고 들어오는
우산에서 뿜어진 미풍에
속눈썹이 흔들린다
집이 지어지는 시작이다
집은 흐르는 강물 위에 하나뿐인
별을 지고 가는 무지개다

흙먼지 날리는 거리가 아프다
흠뻑 비를 맞으며 걷고 싶다

우산이 없다
차가운 비는 오지 않으리라
무지개는 바람을 타고 하늘로 가고
잔뿌리 뻗은 가지들 지붕이 된
키 큰 은사시나무 한 그루 있을 뿐

강물길

갈증으로 아프다
조금만 더 마실 수 있다면
조금만 더
목마름이 찾아 헤매던 강물

콸콸 흘러들어오는 물꼬를 막지 못해 아흔아홉 칸 오래된 집이 잠기기 시작한다 며느리는 발을 동동 구르며 물꼬의 방향을 틀어보려 하지만 물은 성난 파도다 주춧돌을 넘어 마루로 차고 들어오는 물살을 어찌하지 못하고 휘청거리다 꿈을 깬다
 대들보가 무너지지 않았으니 집안 장손이 돌아올 거라고 할머니는 말씀하셨다 그 물은 흙탕물이 아닌 맑은 물이었으니 집안에 좋은 일이 있을 거라는 해석은 맞았다 베트남 전장에서 소식 끊긴 장손이 멀쩡하게 돌아왔으니 경사다

무너지지 않은 집
대들보를 중심으로 맴돌며 흐르는 물길을 거스를 수는 없다
대처로 흘러가고 싶은 꿈에서 허우적거리며 더 목이 마르다

넓은 강물에 뛰어들고 싶은
깊은 하늘은 어디에 있는 것일까

장손은 묻고 싶다
그때는 거스르지 못한
마음껏 헤엄칠 강물길을 묻고 싶다

앉은자리

시들어 가는 단배추 두 단
난전에 앉은 할머니 굽은 손에 안겨 있다
내외뿐인 친구 영이가
두말없이 장바구니에 담는다
물김치 푸짐히 담가 내게도 두어 보시기 줄 것이다
맛나다는 표현을 미리 생각해 보며
친구 마음을 읽는다
할머니가 시린 손으로
흩어진 배추 부스러기 치우며
앉은자리 정리한다

옷 두어 벌과 최소한의 생필품만
남기고 갔다는 여류 시인
밑창 달은 구두와 해진 혁대가 유품인 대통령
방 두 칸짜리 고향 집에서
이웃에 봉사하며 떠난 지미 카터 미국 대통령
이분들 여정이 오로라다

많이 욕심 부렸나?
이웃을 위해 무엇을 베푼 적 있었나?
옷방에선 선택받지 못한 옷들이 줄줄이 아우성이고

골방 먼지 쌓인 물건들 퉁명스러운 다툼이 어지럽다
달래야 할 때다
떨이처럼 헐값이 아닐 때
나누는 기쁨을 누려야 한다

앉은자리 깔끔하게 치우고
서녘 노을에 안기고 싶다

발자국을 지우다

가을은 떠나는 정거장
차가워지는 바람 따라 흐르고 싶다

가을에 떠나고 싶다
발자국 없는 겨울 산골 마을에서
발목 세워 고드름 따먹고
설피로 까치 발자국 지우며

푸른 들판에서 풀들에 부대낀 몸
눈이 녹으면
주머니에 숨겨온 씨앗들로
돌무더기 사이에서 봄을 틔우리라
산골에도
봄이 오는 것을

들녘을 잊는다
흐트러진 발자국을 지운다

새해

마지막 달력을 떼낸다
고맙다
아팠고
다시 일어나 걸어간다
길이 막혀도 돌아서면
길은 또 있다
걸어가면서
다시 생각한다
아니 생각하지 않는다
'평안平安'이란 낱말을 지운다
다시 발자국이 이어진다
보이지 않는 길이
부푼 공을 만들어 하늘로 띄운다
새 달력을 내 벽에 건다

놀이터에는

앙증맞다
유모차에서 두리번거리는
뭉게구름에 파묻힌 검은 눈동자가 진주다
산책하는 이웃 동무 반갑다고
웃음으로 짖어댄다
마주보며 답하는 소리에
아파트도 따라 울렁거린다

언제부터일까?
미끄럼틀이 녹슬고 아이들은 보이지 않는다
유모차에는 애완견만 탄다
아파트에는 강아지 웃음소리 가득하고
유아들 울음소리는 없다

백발 망구望九 한 분
놀이터 칠 벗겨진 의자에 앉아
햇살 바라기한다

구름이 아프다

하늘에 누가 나무를 심었는지
구름은 검은 숲이다

숲으로 뒤덮인 하늘
파도치는 밀림이다
폭우가 으른다
민둥산이 무너지고 땅도 주저앉는다
물이 폭군이다

차가운 물이 발에 감긴다
비명으로 잠에서 깬다
구름이 검은 혓바닥으로 토악질이다
지상이 쏟아내는 매연을 걸러내지 못한
우리 잘못이다

구름이 아프다
감당할 수 없는 눈물로 땅이 짓무른다
세차게 다가오는 구름 숲이 무섭다

모든 것이 흩어진 자리에 햇살이 반짝인다
땅은 다시 깨어나 씨앗을 받을 준비를 한다

날개를 짜다

북극 빙산이 녹으며
일어난 찬바람이
난류와 섞이며 요동친다
기후를 살려야 한다
그저 바람으로 끝나지만
멈출 수 없는 보행

겪어야 할 일들이 바람으로 일어선다
한순간에 옷깃을 잡아끌며
벼랑으로 몰아붙인다

바람에 이기려 애쓰지 않고
바람을 타고 날면 된다
나는 어깻죽지에 날개를 짠다
무너지지 않는 날개를 만들기 위해
바람이 잘 때도
숨 불어넣기를 멈추지 않는다

난다는 것은 바람을 맞아도
거스를 수 있는 날개를 짜는 일이다

춘분이 지났는데도 찬바람이 몰려온다
열 손가락 아픈 진액이 묻은
두텁게 짠 머플러 날개를 달고
청명에 심을 장미를 사러 간다

전을 부치다

'뒤집어라 눋고 있잖아'
깜박, 뜬구름이 머리에 스치는 사이
프라이팬에서 탄 내가 핀다

내 바람이 그을고 있다
머릿속이 숯덩이다
다시 하자
풋고추와 부추를 얹고 반죽을 붓는다
노릇하게 익은 달빛 전에
군침이 피어오른다

생각을 반죽하며 걸음을 뗀다
발자국이 뒤집혀 다시 일어선다
새로운 시작이 빛살이다
머릿속이 불잉걸이 되는 날까지 달려온
자리에 남은 달그림자
지워지지 않을 모자이크가 전설이 되도록
뒤집는다

신인가수

사과 사러 갔다가
포도 한 상자 떨이로 받아왔다
푹 끓여 주스로 만드니 맛이 괜찮다

한물간 나이이지만 나 또한
열심이 더해져 숙성된다면
다시 맛을 낼 수 있지 않을까

벽 앞이지만 도전해본다
음치에서 탈출한다
노래자랑에서 수상하는 꿈을 꾼다

노래 교실에 등록하러 가는 발걸음이 가볍다
'할머니 신인 가수 나가신다 비켜라'

봄비 내리면

목마른 농부 속태우듯
내리는 비가 간지럽다

아버지는 가뭄에 봄비였다
텃밭만 살짝 적시고 가는

희미한 반달 그림자를 앞세우고
커다란 흑마가 문지방을 넘으며 어머니를 덮칠 듯했다
움츠리며 자지러지게 고함을 질러
한밤중 온 집안이 난리가 났다

"며칠 빼끔 들여다보고 떠난 지 반년이 지난 즈음 한밤중에 문을 밀고 한 발을 들이는 순간, 새색시가 쳐다본 건 앞발을 높이 든 시꺼먼 말이었으니 놀랄 만도 했지"
  봄비에 만개한 벚꽃 떨어지는 날이면 엄마는 늘 내가 태어나기 전 아버지 이야기를 하며 듣든지 말든지 혼잣말을 웅얼거렸다
  부잣집 막내아들로 태어나 전답 한 마지기씩 팔아 일본과 만주를 제집 드나들듯 했으니 새각시 시집살이가 시려도 지아비 없는 냉골보다 차가웠을까

벚나무는 간혹 그렇게 비를 만나 세 번 열매를 달았다
이제 하늘에서 신랑 꼭 붙들고 계셔서 춥지 않겠지

가뭄이 계속되더니 봄비가 부슬거린다
애먼 벚꽃만 지겠다

항아리들이 웃다

베란다 햇볕 노는 한쪽
질항아리 다섯이 키대로 줄 서
반짝이며 사진에 담긴다

먼지 뒤집어쓴 게 안쓰러워서
청소하는 김에 샤워시켰더니
어머니 때처럼 반들거린다

이젠 쓰임새 잃어 빈속으로
자리 차지하고 있지만
버리지 않는 주인에게
눈망울 굴리며 웃고 있다

도회에선 사라진 장독대
빛바랜 항아리들을
다른 이름으로 부르고 싶다
맛을 생각하며
친구들 이름을 붙여 본다

맛깔스럽게 오래된 간장 맛 희선
깊은 속내로 친구들 다독이는 된장 지숙

남도 김치 진한 맛 내는 성옥
맵게 쏘아 대지만 뒤끝 없이 착한 정혜
멸치젓으로 억척스러운 맛 내는 미연

베란다 장독대에서
다섯 친구 '김치' 하며 웃는다

눈빛이 아리다

작은 틈새에 밀고 들어 씨앗을 품어
산통 잊은 듯 피어난 네가 대견하다
한 방울 이슬도 허투루 쓰지 않고
감사하며 피었을
좁은 벽틈새를 비집고 살아남는 것은
피 흘리는 아픔을 견뎌야 하는 일이다
꽃피는 일은 눈물이 흘러
그 자리에 물길이 생겼을 때다

마주치는 눈빛이 아리다
서로 아픔이 눈동자에 담긴다
파도에 흔들리며
손을 놓아 버릴 만도 했으련만
끝까지 버틴 발밑에는
뿌리가 움켜쥔 흙이 있다

가랑비 내린 뒤
민들레 한 송이가 아파트 하얀 벽 틈새에서
노랗게 웃고 있다

흐르는 강물

첫 대면 설렜던 너
앙증스러운 손가락 펴서
엄마 엄지 꽉 잡았지
훤한 얼굴은 오똑한 콧날이 받쳐주고
자고 나서 뜬 눈동자는 흑진주
제비 입술은 젖을 찾아 붉게 오물거렸던
처음 보고 설레었던 그 사람보다
더 큰 벅참으로 눈물 흘렀다

너는 자라면서
내가 흐르는 밑돌이었으며 기둥이었다
마음껏 다 해주지 못해 가슴 아팠던 일도
지금에는 미소로 번지는 잔잔한 물결이다

한 세기가 강물로 천천히 흐른다
때로는 폭풍우도 만나지만
가다가 둘러보는 산과 하늘
키 큰 나무가 구름 위에 얹혀 하늘로 뻗는다

나는 강물 되어 바다로 간다

스스로 들어선 길

십자가는 나에게 길이다

종점을 알 수 없는 길
발톱이 들떠 피로 갠 모래가 집을 짓고
모래바람에 충혈된 눈이 먼 아지랑이를
오아시스로 착각하면서 걸어왔다
거역할 수 없는 길을

예순 해를 지나고 지친 몸
채색 안 된 그림자만 일렁이는 길섶에서
그대로 눕고 싶었다
머리에 섬광이 일면서 스치는 목소리
메아리 되어 종을 쳤다
하늘에서 유성우가
십자가 위로 떨어지고 있었다
가까운 길을 두고 너무 멀리 찾아다녔다

신은 내가 걸어갈 길을 일러준다
성체에서 피가 십자가를 타고 흐르듯
가슴에 맺힌 눈물이 터져
몸을 씻는다

스스로 걸어 들어간 성전
강물길이 되어 흐른다

다시 새벽을 기다리며

새벽은 문 열고 드는 꽃이다
기지개 켜는 소리에
덜 깬 두 눈이 놀라며
다시 만났다고 웃는다

새벽 꽃 기지개는
날마다 다른 빛이다
노래를 부른다
활기 넘치는 새벽은 끝없이 이어지고
뿌리는 탄탄하다
빛을 갉아먹는 밤은 잊는다
사다리를 타고 오른다
빛이 꺼지지 않기를 바라며
저물녘 노을에 향기를 보탠다

노을이 가는 길을 바라보며
꽃은 다시 새벽을 기다린다

해설

곁의 부재가 만든 날개

강영환(시인)

　사는 일에 대하여 누구도 정확한 정답을 알지 못한다. 사는 것의 목적은 따로 있을 수 없다. 그 자체가 목적인 셈이다. 그렇기 때문에 숱한 문제들이 삶의 가운데로 들어오며 사람은 그것에 반응하며 생존을 이어나간다. 그것이 살아야 할 삶이다.
　차를 운행하다가 어느 한 지점에서 충돌 사고가 났다면 운전자는 그 지점을 통과할 때마다 긴장하게 되고 마음 졸이며 불안해 할 것이다. 트라우마다. 한 가지 사실에 대하여 연속적으로 부담을 갖게 되는 현상이다. 시인이 시를 쓸 때도 그런 부담을 먼저 시로 쓴다는 주장을 한 이는 리처드 버크이다. 시인은 자신이 갖고 있는 신체적 부담에 대하여 먼저 반응한다는 것이다. 그 부담에 의해 시인의 문체가 결정되며 이는 정신적 부담이 된다.

김정숙 시인의 작품을 보면 '날개' 혹은 '새'의 이미지가 중복적으로 발견된다. 그것은 곧 '풍선' '새' '구름' '하늘'과 같이 상승 이미지에 확장되어 나타난다. 이 이미지는 곁의 부재를 극복하기 위한 방편이거나 시인이 날개나 새에 대한 정신적 부담을 갖는 것은 아닌지 모르겠다.

 날고 싶은 인간의 욕망은 신화 이전부터였다. 누구나 다 알고 있는 장자의 「소요유」에는 커다란 새의 비유가 등장한다. 그 내용은, "북쪽 바다에는 곤이라는 거대한 물고기가 살고 있다. 이 물고기는 엄청나게 커서 그 크기를 가늠하기도 어렵다. 이 물고기는 나중에 새로 변신한다. 그 새의 이름은 붕이라 불린다. 붕새는 날개를 한 번 펴면 하늘을 가릴만큼 거대하고 이때 바람을 타고 자유롭게 날아오른다. 한 번 날아오르면 9만리를 날아 남쪽으로 간다."

 장자의 붕새 이야기는 자유로움과 초월을 상징으로 담아낸 것이다. 새는 이상향 또는 갈 수 없는 꿈에 이를 수 있게 해주는 전달자 역할이다. 그래서 새를 말하는 이는 꿈을 지녔다고도 말한다. 김정숙 시인의 작품에 많이 등장하는 새는 장자의 새가 갖는 초월 또는 극복을 의미하고 있다.

 새는 상징의 원형이다. 오랜 이전부터 내려온 제도적 상징으로 인간의 심리에 작용해 왔다. 새는 자유로움, 초월하고자 하는 바램을 담고 있는 원형이다. 그래서 무속에서 새는 이승과 저승을 이어주는 메신저 역할을 담당한다. 그런 의미로 새의 원형을 해석하여 사용한 것은 아니겠지만 김정숙 시인의 시에서는 새의 이미지가 자주 등장한다. 자서에 밝힌 김정숙 시인의 새가 갖는 의미를 살펴보자.

 김정숙 시인은 2012년 《청옥문학》을 통해 등단하여 시집 『사랑, 너를 가둔다』, 『풍등, 은하에 들다』를 상재한 시인으로 선명한 이미지를 추구한다.

 아침 창밖 이웃집 정원에서 떼지어 모이를 쪼는 참새를 바라보다가 문득 자신도 날개 갖기를 갈망하게 된다. "나도 날개가 있다면 좋겠다." 날개가 생기면 하고 싶은 것이 "섬을 그리워하며 날아가고 싶다."라고 한다. 섬은 배를 타고서도 갈 수 있는 곳이지만 날개를 펄럭이며 가고 싶어 한다. 그것은 스스로의 힘으로 섬에 닿고 싶은 것이다. 타인에 의존하지 않고 섬에 가고 싶은 까닭이다. 섬은 미지의 영토이며 타인에게 간섭받지 않는 자신만의 공간이 있다. 날개를 갖고 싶은 꿈을 포기하지 않고 살면서 "열심히 걷기만 했는데 뒤늦게 나에게 돋아난 날갯죽지, 멀리 날지는 못해도 날개를 키우면 날 수 있지 않을까 자문한다." 걷는 일에서 날개가 돋아난다고 생각한다. 조금씩 걷는 일은 시인에게 무엇을 의미하는가? 일상에서 붙들고 있는 소중한 만남, 이웃하여 사랑하고 어울려 사는 자신이 스스로 가꾸고 있는 일상 중에서 어떤 의미를 붙일 수 있는 그런 삶인 것이다. 그렇게 일상에서 조금씩 열심히 하여 날개를 키운다면 짧은 거리라도 날 수 있지 않을까 자문한다. 시집의 서문에 스스로 날아갈 수 있을 거라고 밝힌 김정숙 시인을 날 수 있게 하는 것은 곧 시일 것이다. 자신이 가꾸어 가면 자신만의 이상 세계인 섬에 가닿을 수 있을 거라는 확신을 갖게 이른다.

날개 가진 새는 벼랑이 없다

어미 오리가 벼랑에서 물로 뛰어 내린다
머뭇대는 새끼오리들
첫째가 뛰어든다
마지막 한 마리도 날개를 파닥거리며
무사히 강물 위에 내려앉는다
"잘 했어"
엄마 오리가 긴 꼬리를 내어준다
줄지어 헤엄치는 날개 가족들

날개 없는 소나무
벼랑은 수시로 눈 앞에 펼쳐진다
날개 솟기를 꿈꾸며 날아보려고
낮은 언덕부터 뛰어내리는 연습을 한다
두렵지 않다

뛰어내리다 누운 몸으로
낭떠러지 바위에 꽂혀 살아도 좋다

날개가 솟아난다
벼랑 아래는 파도가 친다

—「날개」 전문

  이 작품은 어미 오리가 새끼 오리에게 비상을 가르치는 내용을 담고 있다. 오리가 벼랑에서 뛰어내리며 날아가는 모습에서 날개의 위대함을 발견한다. 날개 앞에서는 벼랑이 장애가 될 수 없다는 걸 깨닫는다. 어미 오리는 그것을 새끼들에게 시범으로 체험을 보여 준다. 어미를 따라 첫째, 둘째 차례대로 벼랑에서 뛰어내린다. 뛰어내릴 수 있는 용기는 날개가 있다는 걸 믿기 때문이다. 강물 위에 무사히 안착한 새끼들에게 어미는 칭찬을 아끼지 않는다. '잘 했어' 그리고는 어미는 제 꼬리를 내어주며 따라오라고 신호한다. 그러나 소나무에게는 날개가 없다. 소나무 앞에는 수시로 벼랑이 펼쳐지기도 한다. 그래서 소나무는 날개 솟기를 바라며 날아보려고 낮은 언덕에서부터 뛰어내리는 연습을 한다. 한 번 두 번 거듭되면서 두려움이 사라진다. 벼랑에서 뛰어내렸는데 바닥에 닿지 못하고 벼랑의 바위 틈새에 몸이 끼어 그곳에 살아도 좋다는 생각을 갖는다. 흔히 바위 벼랑 가운데에 서식하는 소나무를 본 적이 있을 것이다. 그 소나무는 벼랑에서 뛰어내리며 날다가 날개가 바위틈에 끼워져 그만 그 자리에 거처를 마련하고 사는 까닭인 나무다. 화자는 소나무가 자신이라고 느낀다. 그 소나무에도 결국 날개가 돋아난다. 벼랑 아래는 험한 파도가 일고 있다. 이 시는 오리 새끼들의 비상과 소나무의 비상을 대비시켜 난다는 의미의 폭을 넓힌다. 오리 새끼들은 용기를 내어 벼랑을 뛰어내리고서야 날 수 있는 법을 터득하게 된 것이고 소나무는 날개도 없이 작은 언덕부터 뛰어내리는 연습을 통해 날개를 갖게 되는 걸 보여 준다. 소나무는 애초부터 날개가 없었다. 험한 바위 벼랑 틈새에 끼어 살다보니 날개가 돋아난다는 우화를 만들어낸다. 김정숙 시인이 날개에 부여한 의미를 짚어볼 수 있는 대목이다. 지금은 날개가 없더라도 노력하고 도전하면 날개가 돋고 점차 그 날개가 커져 드디어는 날아갈 수 있게 된다는 신념을 갖게 해주는 것이다. 날개는 경계를 뛰어넘을 수 있는 방편이 된 것이다. 이처럼 김정숙 시인의 작품은 언제나 밝고 따뜻하며 긍정적인 결론에 도달한다.

온전치 못한 날개는 눈물이다

교실이 술렁거리다가 잠잠해진다

뒷자리 순이가 매운 안개를 물고 거품을 뿜으며
무지개다리 위로 날아가려고
날개를 퍼덕이고 있다

그녀는 날고 싶은 꿈이 있었다
어느 순간 그 비상이 상처라는 걸 알았을 때
그녀만이 가고 있는 그곳이 무섭다
두려워하지 않고 견디는 일은 아프다
위로받지 못하고 숯덩이가 된 가슴은
점점 아픔을 키워갔다
손잡고 걸을 수 있는 동무가 얼마나 간절했을까
나도, 그 어떤 친구도
순이를 손잡아주지 못했다

숨을 쉰다는 것이 천 길 낭떠러지 끝이다
검은 그림자가 날개를 파먹는다
아린 날개를 펴고 싶지 않다

여고 졸업 후 그녀는
꿈을 싣고 완벽한 날개로 벼랑에서 날았다

─「그녀의 날개」 전문

이 작품은 아픔을 견디지 못해 날아갔지만 꺾여진

날개를 보여준다. 여고 시절 뇌전증을 앓던 친구가 병을 극복하지 못하고 좌절하는 모습을 외면한 채 곁을 지켜주지 못한 안타까움을 간직해온 사실을 그리고 있다. 친구 순이는 온전치 못했다. 그 친구는 어느 날 갑자기 수업 중에 발작을 일으켜 화자가 몰랐던 병증을 드러냈고, 화자는 평소처럼 그 친구를 대하지 못하고 외면한다. 힘든 친구 곁에 있어주지 못함이 마음에 칼금을 긋고 어두운 기억으로 남았는데 졸업 후 그 친구가 자살했다는 소문을 듣는다. 화자는 그때 친구가 가장 완벽한 날갯짓으로 날아갔을 거란 생각을 갖는다. 숨 쉬는 일이 그녀에겐 천 길 낭떠러지였고 검은 그림자가 그녀 날개를 파먹었다. 그러던 그녀가 여고를 졸업한 후에는 완벽한 날개를 펴서 생의 벼랑 끝에서 날아오른 것이다. 좌절해야 했던 친구의 모습을 보며 그녀를 따뜻하게 대해주지 못한 그늘이 가슴에 남아 아픔이 되었다. 순이가 느꼈던 곁의 부재에 대한 부담이 마음 구석에 자리했으며 날지 못한 날개는 부담이 되었을 법하다.

「날아다니는 고래」라는 작품에서 고래가 바다에서만 살지 않는다고 상상한다. 가끔 날개를 펴고 하늘을 날아간다는 상상을 갖는다. 바다의 더 깊은 곳으로 하늘의 더 높은 곳으로 가고 싶은 고래는 지느러미를 활짝 펼친다. 하늘은 온통 고래로 덮이고 고래를 반겨주는 구름이 있다. 고래들은 인간이 사는 아파트 하늘 위를 날아다닌다. 결국 현실에서 날개를 찾아 나서는 모습을 보여준다.

  김정숙 시인이 현실을 타개하거나 상승 욕구를 담은 작품들로는, 「만다라 시간」, 「그녀의 날개」, 「날아다니는 고래」, 「텃새」, 「날고 싶은 오리」, 「은하철도를 타다」, 「깃발에 대하여」, 「다시 반대편 열차에 오르다」, 「경계를 넘어서」, 「우수리가 되다」, 「바람꽃」, 「풍선」, 「날개」, 「새해」, 「날개를 짜다」 등의 작품들이다.

  날개에 대한 인간의 사유는 그리스 신화에 등장하는 이카로스를 떠올린다. 태양을 향해 너무 높이 날다 날개가 떨어져 추락해서 바다에 빠져 죽은 이카로스는 많은 상상력에 내포한 상징적 의미들로 인구에 널리 회자 되기도 한다.

  이 신화에서 비롯된 '이카로스의 날개'는 미지의 세계(또는 자연)에 대한 인간의 도전과 동시에 인간의 한계를 상징한다. 김정숙 시인의 날개는 현실의 경계를 넘어서 미지의 세계에 들고 싶은 도전을 담고 있는 것으로 보인다.

  북극 빙산이 녹으며
  일어난 찬바람이
  난류와 섞이며 요동친다
  기후를 살려야 한다

그저 바람으로 끝나지만
멈출 수 없는 보행

겪어야 할 일들이 바람으로 일어선다
한순간에 옷깃을 잡아끌며
벼랑으로 몰아 붙인다

바람에 이기려 애쓰지 않고
바람을 타고 날면 된다
나는 어깻죽지에 날개를 짠다
무너지지 않는 날개를 만들기 위해
바람이 잘 때도
숨 불어넣기를 멈추지 않는다

난다는 것은 바람을 맞아도
거스를 수 있는 날개를 짜는 일이다

춘분이 지났는데도 찬바람이 몰려온다
열 손가락 아픈 진액이 묻은
두텁게 짠 머플러 날개를 달고
청명에 심을 장미를 사러 간다

―「날개를 짜다」 전문

기후 변화로 온 지구가 대처하는 마당에 시인도 벗어나지 않고 가담한다. 기후 위기의 벼랑 끝에서 시인은 날기를 권장한다. 그래서 시적 화자는 어깨에다 날개를 짠다. 무너지지 않는 날개를 위해 바람이 잘 때도 숨 불어넣는 일을 그치지 않는다. '난다는 것은 바람을 맞아도/거스를 수 있는 날개를 짜는 일이다' 기후 위기를 극복할 수 있는 방법으로 날개를 짠다. 춘분이 지났는데도 찬 바람이 불어오는 이상기후는 계속되고 날개를 짜기 위해 손에서 아픈 진액이 흘러나와 묻어도 두텁게 짠 머풀러가 날개가 되어 찬바람을 막아 준다. 다가오는 청명에 심을 장미를 사러 간다. 긍정적이고 도전 의식이 살아 있는 이 시에서 날개는 문제의 극복이며 희망이다. 이처럼 시인은 독자들에게 희망의 메시지를 전해 주는 날개를 전달한다. 이와 같은 작품으로

다시 펄럭이고 싶다
나는 한 장 면포로 누워 있다
스스로 신음조차 내지 못하는

깃대에 매달려
지상에 꽂혀야 깃발이 되는

네 없으면 나도 없다

파도 위에 누웠어도
춤추고 싶다
나는 너에게서 날개를 빌려
깃발이 된다
춤추는 일이 한 강물이다

묶인 깃대를 벗어나
바람과 함께 하늘로 날아올라
온 땅을 덮는 꿈을 꾼다

깃발은 언제 바람을 만날까

—「깃발에 대하여」 전문

이 시에는 날개가 깃발로 대체된 모습이다. 깃발은 깃발이 되기 전에는 한 장 면포로 누워 있었다. 깃대에 매달려 지상에 꽂혀야 비로소 깃발이 된다. '네 없으면 나도 없다'는 표현으로 드러내는 곁의 부재는 바람과 깃발의 관계를 보여주지만 실상은 펄럭이는 깃발이 있어야 내가 있음의 상호 의존적 존재로 드러내는 화해의 형식이다. 깃발이 곧 나인 셈이다. 파도 위에 누워서도 춤추고 싶은 깃발이다. 그것은 깃발에서 날개를 빌려 와 내가 깃발이 된다는 의미다. 그렇게 곁의 부재를 극복하고 깃발로 춤추는 일이 세월을 흐르는 일이고 사는 일이다. 그러나 날개인 깃발은 언젠가 깃대를 벗어나 하늘로 날아올라 온 땅을 뒤덮는 꿈을 꾼다. 한때 한 장 면포로 누워 신음조차 내지 못하던 지상을 깃발이 되어 뒤덮고 싶어한다. 그것은 날개를 달고 하늘을 날아오를 수 있는 자신감이 있기에 가능한 꿈이다. 현실에 얽매여 제대로 꿈을 펼쳐 보지 못한 자신의 의미를 깃발이나 날개에 의탁하여 실현해 보고자 하는 강한 욕망을 드러낸다. 그것은 아마도 곁의 부재를 벗어나기 위한 방편으로 생긴 갈망이 아닌가 여겨진다. 그에게 곁의 부재라는 현실이 가져다준 아픔으로 만들어진 소외를 드러낸 것 같다.

팔월 비는 아프다
우레 데리고 찾아오는 비는
지상을 무너뜨리는 폭풍우다
태양에 달구어진 대지를 적시며
끓어오르는 화를 식히고 있는

우레 따라 떠난 너는
비를 맞고 걸어도 즐거울 거야
걷고 싶다고 걷고 싶다고
열세 살 이후 소원했던 너는
사십이 년을 아픔을 수레에 싣고
비탈길을 오르내렸지

달리고 달려라
부풀린 풍선 같던 울분 번갯불에 태워
이제 자유롭게 걸어가라
곧 다가올 산야는
너를 환영하는 붉은빛으로 물들겠지
너는 가문비나무 나란한 숲속에서
뜀박질하며 비에 젖은 머리칼 쓸어올리며
손 흔들고 있구나
잘 가거라 잘 가거라
뜨거운 광주 오월의 아픔 다 잊고
달려라

휠체어가 저만치
빗속에서 너를 배웅한다

—「팔월 비」 전문

꺾어진 날개에 대한 아픔을 간직한 작품이다. '광주, 오월을 살다간 박상철을 보내고'란 부제가 붙은 이 작품은 1980년 광주민주항쟁 때 입은 부상을 안고 휠체어에 의지하여 힘겹게 살다가 떠난 박상철에 대한 안타까움을 보여 준다. 박상철은 김정숙 시인의 사위다. 팔월 비 내리는 날 사위는 휠체어를 남겨둔 채 돌아오지 못할 곳으로 떠났다. 그의 부재가 아프다. 그래서 팔월 비가 아프다. 사위가 열세 살 나던 해에 광주민주화항쟁이 일어났다. 팔월 비는 태양에 끓어오른 대지만 식히는 것이 아니라 내 가슴에 불붙은 화를 식혀 주기도 한다. 비속으로 떠난 사위는 비를 맞고 걸어도 즐거울 거란다. 열세 살 이후에 걷고 싶은 마음으로 42년을 걷지 못하고 휠체어를 타고 오르막길을 오르내리며 살아온 가슴 아픈 현실이다. 이제 하늘에서 마음껏 달려라. 풍선처럼 부푼 울분 터뜨리며 마음껏 걸어가라. 그리고 가을이면 붉은빛으로 타는 산야가 너를 맞이해 줄 거다. 너는 가문비나무 나란한 숲속에서 머리카락 쓸어 올리며 손을 흔들어 주는구나 이제 잘 가거라. 광주 오월의 아픔을 다 잊고 온전한 몸으로 달려가거라. 너를 빗속에 남겨진 휠체어가 배웅하고 있다. 날개 꺾인 열세 살 소년의 꿈이 마냥 안타깝고 슬픈 현실로 가슴을 아프게 찌르기에 피를 토하는 심정으로 곁의 부재를 절규하지 않을 수 없다.

  눈이 깊은 그 아이가
  하늘에서 나를 끌어 당긴다
  그 눈에는 빛이 있고
  깊은 강물이 흐른다
  때로는 물빛 그늘을 만들지만
  그것은 푸른 끌림이다

품어주기를 바라지 않는다
그냥 쳐다볼 수 있는 거리면 족하다
갑자기 창밖으로 사라진
그 애는 꽃이 된다

—「상사화를 그리다」 앞부분

이 시도 곁의 부재를 안타까워한다. 김정숙 시인의 작품에는 날개만큼 벼랑 이미지가 자주 등장한다. 시인에게 벼랑은 눈앞에 닥친 시련이나 장애 같은 것이다. 극복해야 할 경계다. 자신의 힘으로 어쩔 수 없는 벽은 그에겐 벼랑이다. 일상에서 느껴지는 부재한 곁은 여러 형태로 다가온다.「풍선」에서 '섬을 그리워하며 날아가고 싶다'「노란 손수건」에서는 '그리움이 곧 도착할 것 같다'「날개」에서는 '날아가고 싶다'는 표현으로「깃발」에서는 펄럭이고 싶다며 새로운 곁에 대한 갈구를 기대하며 곁의 부재를 타개하려 한다. 부재를 극복할 수 있는 또다른 주목할 만한 방법을 찾아낸다.

휘몰리는 무수한 소리가 오물거려
삼킬 수가 없다
퍼담을 삽과 땅을 찾지 못한다
소화 안 된 말들이 모래가 되어 목청을 막는다
어느 날 불현듯

필통에 누워 있는 붓에게
삽이 되어 달라고 매달린다

소리를 퍼 나르기 시작한다
모래를 버무려 형상을 만들어 뱉는 일은
목이 비틀리며 아프고
엉뚱하게 소화불량이 되기도 하지만
비워진 입은 생수를 머금는다

소리를 조립한 필통 속 크고 작은 붓들
책상 위 주인이다

증조할아버지가 쓰시던 지필묵
무지로 버리고 없다
내 필통도 언젠가
나와 함께 치워질 것이다
할아버지 휘필 두어 점 남아 있듯이
내 소리도 휘필하면
한 점은 남을 수 있지 않을까?

―「휘필하다」 전문

 붓을 들어 단숨에 글씨를 쓰거나 그림을 그리는 것을 '일필휘지'라 한다. '휘필하다'는 '일필휘지하다'를 줄

여서 쓴 말로 어떤 글씨를 단박에 써낸다는 의미다.

  일상에서 하고 싶은 말들이 오물거려 그 소리들을 안으로 삼킬 수가 없다. 그것들을 어딘가에 묻어두고 싶은데 묻어둘 땅과 삽이 없다. 소화가 되지 못한 말들이 모래가 되어 목청을 틀어막을 때 필통 속에 드러누운 붓에게 삽이 되어 달라 부탁한다. 붓이 뱉어내지 못한 소리들을 퍼 나르기 시작한다. 모래를 버무려 형상을 만들어 뱉는 일은 목이 비틀리며 아프다. 소화불량이 되기도 하지만 소리들을 뱉어낸 입안은 생수를 머금은 바와 같이 시원하다. 소리들을 조합한 크고 작은 붓들이 들어 있는 필통은 내 책상의 주인이다. 그 책상은 증조할아버지가 쓰던 지필묵을 자신의 무지로 버리고 말았다. 내가 쓰던 필통도 나와 함께 언젠가는 사라질 것이다. 할아버지 지필묵은 사라졌지만 할아버지가 휘필하여 남긴 글이 두서너 점이 남아 있듯이 내가 휘필해 남긴 소리도 한 점은 남지 않겠느냐는 희망을 갖는다. 곁의 부재로 내게 안겨 온 것들이 날아가고 욕망이 휘필에 남겨지고 싶은 것으로 환치된다. 이는 펄럭이던 깃발이 하늘을 날다가 지상을 덮고 싶다는 모습과 상통된다. 뱉어내고 싶은 말이 일필휘지의 글로 날개를 다는 형상이다. 그것이 날개 이미지와 겹쳐 부재한 곁을 채우는 어떤 콜라보를 만들어 낸다.

  노을이 가는 길을 바라보며

꽃은 다시 새벽을 기다린다

　　　　　　　　　—「다시 새벽을 기다리며」 부분

때로는
저 고요하고 맑았던 순간이
'지금도 괜찮아!'
　나를 위로한다

물빛 꼭짓점 시간이
잔물결이 한결같이 쓰다듬는 푸른 강이다
그 위에 드리워진 내 그림자가
날개를 달고 무지개를 탄다
만다라에는 시간이 없다

　　　　　　　　　　—「만다라 시간」 부분

회오리바람은 지나가기 마련
바슬거리는 바람결 따라
아무에게도 상처 주지 않을 발음을 위해
침 한 모금 삼키며
순한 발성 연습을 한다

　　　　　　　　　　—「발성 연습」 부분

숨었던 그림자들이 미소를 몰고 돌아온다
때로는 나무가 만든 검푸른 그늘이
붉어진 얼굴을 가려주듯
떨고 있는 꽃이 그림자 안으로 숨는다
땅이 숨을 쉰다

지금부터는 그림자를 사랑해야지
더러는 햇살에 말리기도 하면서

—「밝은 그림자」부분

 부재한 곁을 채우는 그 콜라보는 행복 바이러스다. 시「달팽이 집」에서 민달팽이가 되고 싶은 화자가 아픈 몸을 집 그림자로 덮는 현실을 탈출하고 싶은 바램으로 나타난다. 달팽이는 집이 불만스럽기도 하지만 종내에는 '그럼에도/민달팽이는 집이 그립다'라면서 현실을 받아들인다. 곁의 부재가 만들어 낸 탈출구는 기껏해야 자신의 집이라는 걸 발견한다. 현실 인식이다. 김정숙 시인의 작품은 이것을 통해 꿈과 이상을 찾고 싶은 밝고 따뜻함으로 행복을 찾아가는 날개가 있는 해피엔딩의 시다. 세 번째 시집의 상재를 축하해 마지 않는다.